ほったらかしでおいしい！

オーブンで焼くだけレシピ

上田淳子

ここがうれしい！
オーブン料理

1 こんがり！ アツアツ！ が 食欲をそそる！

こんがりとした焼き色は、それだけで食欲をそそります。これこそ、オーブン料理の一番のいいところ。また、焼きたてのアツアツをフーフーして食べる喜びは何にも代えがたい。こんがり焼き目とアツアツがあれば、ごちそう感が味わえます!!

2 ほったらかしにできる！

下ごしらえした材料をオーブンに入れたら、後はオーブンまかせでOK！ フライパンで焼いたり、鍋で煮たりするときのように、つきっきりでなくていいのです。オーブンに入れている間に、もう1品を作る余裕ができます（もちろん、料理以外のこともできる）。これってかなりうれしい！

4 肉はジューシー！
魚はふっくら！
野菜は甘みが凝縮！

オーブンの熱源は対流熱です。対流熱は庫内の温度を高め、食材にじっくりやわらかく熱を加えていきます。そのため、肉は中までジューシーに火を通しつつ表面はカリッと香ばしく、魚はふっくらと仕上がります。野菜は、素材の甘みやうまみがギューッと凝縮します。

5 朝仕込んでおけば、
夜は焼くだけ！

肉や魚を朝のうちに仕込んでおけば、家に戻ってからは焼くだけでおいしい料理が完成します。お買い得品のお肉も漬けておくとやわらかくなるので、家計にもうれしい！　この本のPART2では「漬けて焼くだけ！」の料理ばかりをご紹介。前の日から漬けておける料理もあります。

3 失敗しない

オーブンは指定の温度に予熱し、材料を入れたら、焼き上がりを待つばかり。調理の途中で火加減の調節をしなくていいし、火の通り加減をときどきチェックする必要もないのです。つまり、誰でも、料理が苦手な人でも、失敗せずに料理を作ることができるのです。

6 キッチンが汚れない！

オーブンで焼くときに使うのは、オーブンの天板や耐熱皿、オーブンシート。フライパンや鍋を使うときのようなキッチン周りの汚れが出ません。また、耐熱皿に並べて焼く料理なら、そのままテーブルに出せ、盛り皿も不要。だから後片付けが超ラクチン！

CONTENTS

この本の使い方

・にんにくは芽を取ってから調理してください。芽がついていると焦げやすく、料理に苦みが出てしまいます。

・小さじ1＝5mℓ、大さじ1＝15mℓ、カップ1＝200mℓです。

・野菜の「洗う」「皮をむく」「ヘタを取る」などは省略しています。

・塩は特に表記のない限り、粗塩や自然塩を使用しています。精製塩を使う場合は、分量よりやや少なめにしてください。

・レシピ上の「しょうゆ」は濃口しょうゆ、「小麦粉」は薄力粉です。

・ワインは、白は辛口を、赤は渋みの少ないものを使用しています。

・オーブン料理は、電気オーブンを使用しています。ガスオーブンの場合は、20～30℃温度を下げるのを目安に。熱源、機種によって焼き具合に差が出る場合があります。お使いのオーブンに合わせて調整してください。指定の温度に予熱してから焼きます（詳しくは、p9も参照してください）。

オーブン料理の簡単プロセス

0 予熱する

まず、オーブンを予熱します。レシピの焼き時間は予熱した温度での焼き時間なので、予熱が不十分な状態で焼き始めると、焼き時間が変わってきます。また、焼きムラの原因にもなるので注意しましょう。

※下ごしらえに時間がかかる料理やあらかじめ食材をたれに漬けておく料理は、予熱する前にその作業をします。

1 下ごしらえ

材料を切る、肉に下味をつける、たれを混ぜる、などの作業をします。材料は加熱ムラがないように、大きさを揃えて切ります。肉や魚と野菜を一緒に焼く場合は、焼き時間が同じになるように切ります。

オーブン料理は難しいことが何もありません。次のプロセスを踏むだけ。
さあ、早速オーブン料理を作ってみましょう!

2 並べる

材料に味をしっかりからめ、耐熱皿または
オーブンシートを敷いたオーブンの天板に
並べます。並べるときは、火の通りが均一
になるように平らに! がコツです。天板に
オーブンシートを敷いておくと、油やコゲ
が天板につかず、後片づけがラクチン。

3 焼く

予熱したオーブンに天板を入れ(耐熱皿
を使う場合は、耐熱皿をのせた天板)、
指定の時間焼きます。焼き時間が違うもの
を一緒に焼く場合は、焼けたものを先に取
り出すか、後から入れます。

オーブン料理で用意しておきたいもの

オーブンシート

天板に材料を並べるときには、オーブンシートを敷きます。パリッと焼きたい場合に、よく使う方法です。オーブンシートを敷くと、材料から油や汁けが出ても天板の汚れが少なく、洗うのがラクになります。

耐熱皿

汁けが出るもの、汁ごといただく料理は耐熱皿に入れて焼きます。そのままテーブルに出せ、他の器がいらないので後片付けがラク。耐熱ガラス製のものはオーブン焼きOK。強化ガラスは使用できないので注意して。

鍋つかみ

オーブンから天板を出すときは、必ず鍋つかみを使いましょう。二重になっている軍手風のものは、着脱がしやすく使いやすい。シリコン製は手にフィットしやすく、長めのタイプは手首まで守れます。

鍋敷き

焼き上がった耐熱皿や天板を、調理台やテーブルに置くときに。写真の木製や鉄製、ワイヤー製の他に、タイル製やシリコン製もあります。機能性重視でもいいですが、テーブルに出すなら好みのデザインを揃えて。

オーブンのクセを知ることから始めよう！

オーブン料理は失敗の少ない調理器具ですが、ただ１つ気をつけることがあります。
それは自分の家のオーブンのクセを知ること。まずは、自分の家のオーブンが
電気オーブンか、ガスオーブンなのかを確認し、それぞれの特徴を知っておきましょう。

電気オーブン

- 火力が弱く、オーブンの立ち上がりにやや時間がかかる。
- 庫内の温度が下がりやすい。
- 電気ヒーターから出る熱風で空気をじっくり熱し、食品を蒸し焼きにする。
- 焼きムラができにくい。
- ガスオーブンよりコンパクト。

ガスオーブン

- 火力が強く、オーブンの立ち上がりが早く、予熱時間が短い。
- 庫内の温度が下がりにくい。
- ガスの燃焼により熱した空気で、食品を蒸し焼きにする。
- 電気オーブンより、20〜30℃低く設定する。
- サイズが大きめ。大物を焼くのに適している。

この本では、電気オーブンを使用しています。

まずは、自分の家のオーブンのクセを知るために、何か１品、本の通りの温度、時間で焼いてみてください。そして右のような場合には、次からは温度や焼き時間を加減してみましょう！

焦げ色がつかないとき

➡ オーブンの温度を10〜20℃上げてみる

焦げすぎたとき

➡ オーブンの温度を10℃下げてみる

中まで焼けていないとき

➡ 焼き時間を5〜10分増やしてみる

PART 1

並べて焼くだけ！

材料を耐熱皿または天板に並べたら、後はオーブンまかせ！
超簡単なのに、ごちそう感がある料理ばかり。
焼きたてのアツアツをフーフーいいながらどうぞ。

230℃ **12**分

鶏もも肉とれんこんの黒こしょう風味焼き

香ばしく、ふっくらジューシーな鶏肉と
シャキシャキなれんこん。素材の味を楽しみたいから、
シンプルな塩こしょう味でいただきます。

材料（2人分）

鶏もも肉 … 大1枚（300g）
れんこん … 200g
塩 … 小さじ⅓
こしょう … 少量
オリーブ油 … 大さじ1
粗びき黒こしょう … 適量

下準備

オーブンは230℃に予熱する。

作り方

1 下ごしらえ

れんこんは皮つきのまま4等分の輪切りにする。鶏もも肉は余分な脂を取り除き、半分に切り、塩、こしょうをすり込む。

2 並べる

オーブンの天板にオーブンシートを敷き、**1**の鶏肉、れんこんをのせ、オリーブ油を全体にからめる。

3 焼く

230℃のオーブンで12分焼く。器に盛り、粗びき黒こしょうをたっぷりふる。

memo

オリーブ油をかけると、具材の表面が乾かず、肉に香ばしい焼き色がつきます。

before

鶏もも肉とソーセージと じゃがいものガーリック焼き

鶏肉とソーセージを使ったうまみたっぷりのオーブン焼きです。
ふわ〜っと香りが広がるにんにくのおかげで、焼けるそばから食欲がぐぐっ！

材料（2人分）

鶏もも肉
　　… 中1枚（250g）

ソーセージ … 4本（75g）

じゃがいも … 小2個（200g）

にんにく … 1かけ

塩、こしょう … 各適量

オリーブ油 … 大さじ1

レモン汁 … 大さじ1

レモンの皮（国産・みじん切り）
　　… 小さじ2

パセリ（みじん切り）… 大さじ1½

下準備

オーブンは230℃に予熱する。

作り方

1 下ごしらえ

じゃがいもは皮つきのまま7mm幅の半月切りにする。にんにくは薄切りにする。ソーセージは斜め半分に切る。鶏肉は6等分に切り、塩小さじ¼、こしょう少量をふる。

2 並べる

耐熱皿にじゃがいもを入れ、塩、こしょう各少量をふる。鶏肉、ソーセージ、にんにくを加えてオリーブ油をからめ、具材を均一に並べる。

3 焼く

230℃のオーブンで15分焼く。取り出し、仕上げにレモン汁を回しかけ、レモンの皮とパセリをふる。

memo
具材全体にオリーブ油をからめ、パサつきを防止。耐熱皿の中で作業すれば、他に調理器具は必要なし。

before

鶏むね肉とアスパラガスの バジルマヨ焼き

マヨネーズのコクにバジルが加わり、さわやか！
むね肉はふっくらしっとり、アスパラは香ばしく仕上がります。

材料 （2人分）

鶏むね肉 … 大1枚（300g）

アスパラガス … 4本（100g）

塩 … 小さじ⅓

こしょう … 少量

A | バジルペースト（市販）
　　　… 大さじ1
　| マヨネーズ … 大さじ2½

下準備

オーブンは230℃に予熱する。

作り方

1 下ごしらえ

アスパラガスは根元のかたい皮をピーラーでむき、長さ3等分に切る。鶏肉は6等分のそぎ切りにし、塩、こしょうをすり込む。Aは混ぜる。

2 並べる

耐熱皿に1の鶏肉を入れ、アスパラガスを均等にのせ、Aをかける。

3 焼く

230℃のオーブンで10分焼く。

memo

むね肉は場所によって厚みに差があるので、厚みを均一にするようにそぎ切りにしましょう。

before

鶏手羽中とスティックさつまいもの
ハニービネガー焼き

さつまいもはオーブン焼きにしておいしい野菜の代表格。
手羽中の香ばしさが加わり、ワインにぴったりの1品に。

230℃ | **15～20分**

材料（2人分）

鶏手羽中（チキンスペアリブ）
　　… 16本（300g）

さつまいも … 200g

塩 … 小さじ½

こしょう … 少量

A｜はちみつ … 大さじ1
　｜赤ワインビネガー
　｜　　または酢 … 大さじ1
　｜オリーブ油 … 大さじ½

シナモンパウダー（好みで）… 適量

下準備

オーブンは230℃に予熱する。

作り方

1 下ごしらえ

さつまいもは皮つきのまま7mm厚さの斜めの輪切りにしてから棒状に切り、水にさっとさらし、ペーパータオルで水けをふく。手羽中は塩、こしょうをもみ込む。

2 並べる

ボウルにAを入れてよく混ぜ、1を加えてあえる。耐熱皿に均一に入れる。

3 焼く

230℃のオーブンで15 ～ 20分焼く。取り出し、好みでシナモンをかける。

before

鶏ささ身とズッキーニのハーブパン粉焼き

淡泊な味わいのささ身に生ハムが程よい塩味をつけてくれます。
トッピングのハーブ香るパン粉のカリカリ感もいい感じ

230℃ | **15分**

材料 （2人分）

鶏ささ身 … 4本

生ハム … 8枚 （55g）

ズッキーニ … 1本 （150g）

こしょう … 適量

塩 … 少量

オリーブ油 … 大さじ½

A | パン粉 … 大さじ3
　　オリーブ油 … 大さじ½
　　ドライハーブ（オレガノや
　　　バジル）… 小さじ½

下準備

オーブンは230℃に予熱する。

作り方

1 下ごしらえ

ズッキーニは長さを半分に切り、放射状に縦4～6等分に切る。ささ身は筋を取って1本を斜めに半分に切り、こしょう少量をふって生ハムを巻く。Aは混ぜる。

2 並べる

耐熱皿にズッキーニを入れ、塩、こしょう各少量をふり、鶏ささ身のハム巻きの巻き終わりを下にして並べる。全体にオリーブ油をかけ、Aを全体にふる。

3 焼く

230℃のオーブンで15分焼く。

before

鶏もも肉とかぼちゃのはちみつだれ焼き 五香粉風味

から揚げ風のしょうがじょうゆ味の鶏肉は間違いなくおいしい。
コリコリのピーナッツがホクホクかぼちゃを引き立てます。

 230℃ **15**分

材料（2人分）

鶏もも肉 … 大1枚（300g）

かぼちゃ … 正味200g

A｜はちみつ … 大さじ1½
　｜しょうゆ … 大さじ1
　｜しょうが（すりおろし）… 小さじ1
　｜五香粉 … 小さじ½

ピーナッツ（刻む）… 大さじ2

下準備

オーブンは230℃に予熱する。

作り方

1 下ごしらえ

かぼちゃは種とワタを取り、皮つきのまま2〜3cm角に切る。鶏肉は余分な脂を取り除き、一口大に切る。

2 並べる

ボウルにAを入れて混ぜ、鶏肉を加えてよくもみ込み、かぼちゃも加えて全体によく混ぜる。耐熱皿に移し、残ったたれもかける。

3 焼く

230℃のオーブンで15分焼く。取り出し、ピーナッツをちらす。

before

鶏つくねのたっぷり薬味のせ

つくねもオーブン焼きなら外側こんがり、中ふっくら！
みそやしょうがが利いているから、このままで十分おいしい。

 230℃ **10**分

材料（2人分）

肉だね
- 鶏ももひき肉 … 200g
- みそ … 小さじ1½
- 白いりごま、片栗粉 … 各小さじ1
- しょうが（すりおろし）… 小さじ½

みょうが … 1個

青じそ … 5枚

下準備

オーブンは230℃に予熱する。

作り方

1 下ごしらえ

ボウルに肉だねの材料を入れて練り混ぜ、6等分にして小判形に丸める。みょうがは斜め薄切りにし、青じそはせん切りにする。

2 並べる

オーブンの天板にオーブンシートを敷き、1の肉だねを並べる。

3 焼く

230℃のオーブンで10分焼く。取り出し、みょうがと青じそを混ぜて添える。

(before)

豚肩ロースとオリーブと
玉ねぎのオイル焼き

（作り方 p.22）

サルシッチャとブロッコリーの
オーブン焼き 山椒風味

（作り方 p.23）

230℃ **15**分

豚肩ロースとオリーブと玉ねぎのオイル焼き

シャリアピンステーキをイメージした
ポークステーキ風。
マリネ玉ねぎのおかげで、肉が驚くほどやわらか！

材料（2人分）

豚肩ロースステーキ用肉
… 2枚（200〜250g）

玉ねぎ … ½個（100g）

黒オリーブ（種なし・輪切り）… 15g

ローズマリー … 1枝

オリーブ油 … 大さじ1

塩 … 小さじ⅓

こしょう … 少量

下準備

オーブンは230℃に予熱する。

作り方

1 下ごしらえ

玉ねぎはみじん切りにする。豚肉は塩、こしょうをすり込む。ボウルに玉ねぎ、オリーブ、オリーブ油を入れ、混ぜる。

2 並べる

オーブンの天板にオーブンシートを敷き、1の豚肉をのせ、その上に玉ねぎとオリーブなどを混ぜたものをのせる。ローズマリーを4つに折って2本ずつのせる。

3 焼く

230℃のオーブンで15分焼く。

memo

マリネした玉ねぎとオリーブを、豚肉の上面全体が隠れるようにのせましょう。オーブンで焼くと玉ねぎが甘くなり、肉のソースの役目をします。

(**before**)

200℃ | **10分** + **10分**

サルシッチャと
ブロッコリーの
オーブン焼き 山椒風味

サルシッチャは、豚ひき肉をよく練り混ぜた
ソーセージの中身のこと。
形を整えすぎず、ぼこぼことラフに焼き上げます。

材料（2人分）

豚ひき肉 … 200g

ブロッコリー … 1株

A | 塩 … 小さじ¼
 | こしょう … 少量

B | 塩 … 小さじ¼
 | こしょう … 少量
 | オリーブ油 … 大さじ1½

粉山椒 … 適量

下準備

オーブンは200℃に予熱する。

memo

ブロッコリーは火が通るのに時間が
かかるので先に焼き始め、肉は後
から入れます。こんがりと香ばしく
焼いたブロッコリーのシャクシャク
した食感を、ぜひお試しください。

作り方

1 下ごしらえ

ポリ袋にひき肉、Aを入れ、粘りが出るま
でしっかり練り混ぜる。ブロッコリーは小
房に分け、大きいものは半分または4等
分に切る。

2 ブロッコリーを焼く

オーブンの天板にオーブンシートを敷き、
ブロッコリーを並べ、混ぜたBをしっかり
からめ、200℃のオーブンで10分焼く。

before

3 肉をのせて、
　 再び焼く

天板を取り出し、ブロッコリーの隙間に、
1のポリ袋から肉だねをスプーンですくっ
てのせる ⓐ。200℃のオーブンで10分
焼き、取り出して全体を混ぜる。焼き色
を見て、足りないようなら温度を少し上げ、
5分ほど焼く。器に盛り、粉山椒をふる。

ⓐ

 230℃ | **15分**

豚肩ロースとキャベツの ガーリックバター焼き

味わいの濃い、豚肩ロース肉の
おいしさもさることながら、
ガーリックバターが染み込んだ
キャベツステーキの甘さといったら!

材料（2人分）

豚肩ロースステーキ用肉
　　　… 2枚（200〜250g）

キャベツ … ⅙〜¼個（350g）

ガーリックバター
　にんにく … 1かけ
　バター … 20g

塩 … 小さじ⅓

こしょう … 少量

粗びき黒こしょう … 適量

下準備

オーブンは230℃に予熱する。

作り方

1 下ごしらえ

キャベツは縦半分のくし形に切る。豚肉は3等分に切り、塩、こしょうをすり込む。にんにくはみじん切りにし、やわらかくしたバターと混ぜ、ガーリックバターを作る。

2 並べる

オーブンの天板にオーブンシートを敷き、**1**のキャベツ、豚肉を並べる。キャベツの切り口にガーリックバターをぬる。

3 焼く

230℃のオーブンで15分焼く。器に盛り、粗びき黒こしょうをふる。

memo
ガーリックバターはキャベツの切り口にたっぷりぬりましょう。葉の隙間から全体に染み渡ります。

（ **before** ）

230℃ | **10分**

薄切り豚肩ロースの
しょうゆだれ焼き
まいたけ添え

炒めるより簡単で、香ばしさも違います。
水っぽくなりがちなまいたけも、
オーブンならうまみが凝縮！

材料（2人分）

豚肩ロース薄切り肉 … 200g

まいたけ … 1パック（100g）

A｜みりん … 大さじ1½

　｜しょうゆ … 大さじ1

　｜砂糖 … 小さじ½

細ねぎ … 1本

下準備

オーブンは230℃に予熱する。

作り方

1 下ごしらえ

まいたけは大きめに割き、細ねぎは小
口切りにする。

2 並べる

ボウルにAを入れて混ぜ、豚肉を加え
て全体にからめ、まいたけを加えて全
体にざっくりと混ぜる。オーブンの天板
にオーブンシートを敷き、豚肉とまいた
けを重ならないように広げる。

3 焼く

230℃のオーブンで10分焼く。器に盛
り、細ねぎをちらす。

memo

しょうゆの代わりにみそを使ったたれをからめ
てもおいしくできます。きのこはエリンギやしい
たけでも。

(before)

230℃ | **12~15分**

さけとミニトマトの
オニオンカレーマヨネーズ焼き

カレー＆マヨネーズは家族みんなが喜ぶ味つけ。
さけにたっぷりぬって焼きます。グリルやフライパンよりも簡単！

材 料（2人分）

生ざけ（切り身）… 2切れ（200g）

ミニトマト … 6個

玉ねぎ … ½個（100g）

塩 … 小さじ½

こしょう … 少量

カレーマヨネーズ

┊ マヨネーズ … 大さじ3

┊ カレー粉 … 小さじ1

下準備

オーブンは230℃に予熱する。

作り方

1 下ごしらえ

さけは塩をすり込んで5分ほどおき、さっと洗ってペーパータオルで水けをふき、こしょうをふる。玉ねぎは薄切りにする。ミニトマトはヘタを取る。カレーマヨネーズは混ぜる。

2 並べる

耐熱皿2枚に玉ねぎを等分に敷き、さけをのせ、ミニトマトを隙間に置く。さけにカレーマヨネーズをぬる。

3 焼く

230℃のオーブンで12～15分焼く。
（1枚の耐熱皿で焼いても焼き時間は同じ）

memo
さけの代わりにさばを使ってもおいしくできます。甘みが出る玉ねぎはおいしいので、ぜひ入れて。

(**before**)

230℃ **10分**

えびとアボカドの
レモンハーブオイル焼き

オーブンで焼いたアボカドはねっとりとろけるおいしさです。
相性バツグンのえびを組み合わせて、おつまみ仕様に。

材料（2人分）

えび（殻つき）… 6尾（正味100g）

アボカド … 1個（240g）

レモン（国産・輪切り）… 2枚

A｜塩 … 2つまみ
　｜こしょう … 少量
　｜オリーブ油 … 小さじ2

ドライハーブ（オレガノやバジル）
　… 小さじ⅓

下準備

オーブンは230℃に予熱する。

作り方

1 下ごしらえ

えびは殻をむいて背ワタを取る。ボウルに入れ、片栗粉小さじ1、水少量（各分量外）をからめてもみ、さっと洗ってペーパータオルで水けをふく。アボカドは種と皮を取り除いて一口大の乱切りに、レモンは半分に切る。

2 並べる

ボウルに**1**のレモン以外を入れ、Aをからめる。レモン、ドライハーブを加えてさらに混ぜ、2つのココットなどに等分にして入れる。

3 焼く

230℃のオーブンで10分焼く。（1つのココットで焼いても焼き時間は同じ）

memo

一緒にレモンを焼くと、苦みがアクセントになります。アボカドは切ってから時間をおくと変色するので、切ったらすぐに焼きましょう。

before

白身魚ときのこのホイル焼き わさびオリーブ油がけ

アルミ箔でぴっちりふたをして、酒蒸しにしたら
魚がふっくら！ スーッと爽快な辛みのたれをかけていただきます

230℃ | **10**分

材料 （2人分）

白身魚（たい、たらなど）
　… 2切れ（200g）

しいたけ … 1パック（100g）

しめじ … 1パック（100g）

塩 … 小さじ½

酒 … 大さじ2

A｜練りわさび … 小さじ½
　｜塩 … 2つまみ
　｜オリーブ油 … 大さじ1

下準備

オーブンは230℃に予熱する。

作り方

1 下ごしらえ

白身魚は塩をすり込んで5分ほどおき、さっと洗ってペーパータオルで水けをふき、3等分に切る。きのこは石づきを落とし、しいたけは十字に4等分し、しめじはほぐす。

2 並べる

耐熱皿2枚に1のきのこを等分に入れ、魚を等分にのせ、酒大さじ1ずつかけ、アルミ箔でぴっちりふたをする。

3 焼く

230℃のオーブンで10分焼く。Aを混ぜたものをかける。（1枚の耐熱皿で焼いても焼き時間は同じ）

before

ぶりと長ねぎの花椒焼き

薬味やたれをからめて焼き、仕上げに花椒をパラリ。
辛みの利いた複雑な味わいはごはんにも酒にも合います。

 230℃ **10**分

材料（2人分）

ぶり … 2切れ

長ねぎ … 2本

酒 … 大さじ1

A しょうが（すりおろし）… 小さじ1

　 にんにく（すりおろし）… 小さじ½

　 しょうゆ、酒 … 各大さじ1

　 ごま油 … 大さじ½

花椒 … 少量

下準備

オーブンは230℃に予熱する。

作り方

1 下ごしらえ

ぶりは酒をからめて5分ほどおき、さっと洗ってペーパータオルで水けをふく。長ねぎは4cm長さに切る。

2 並べる

ボウルにAを入れて混ぜ、1のぶり、長ねぎの順に加えてからめる。オーブンの天板にオーブンシートを敷き、のせる。

3 焼く

230℃のオーブンで10分焼く。取り出して花椒をかける。

before

33

オーブンで一度に焼くだけ献立 ①

オーブンなら、一度に3品を作ることも可能です。下ごしらえして、オーブンの天板に並べたら
後はオーブンまかせ！ 忙しい日にも活躍しそうなお助け献立です。

 230℃ | **15分**

野菜たっぷり！ おつまみ献立

野菜が主役のおかずが3品！ 蒸し焼きを1品入れることで、
飽きずに最後までおいしい献立が完成します。

材料 （2人分）

● **アスパラガスの豚バラ巻き**
アスパラガス … 4本
豚バラ薄切り肉 … 4枚
塩、こしょう … 各少量
サラダ油 … 少量

● **パプリカのアンチョビーオイル焼き**
パプリカ … 1個（150g）
アンチョビー … 2枚
オリーブ油 … 小さじ1

○ **かぶのミルク蒸し**
かぶ … 2個（200g）
バター … 8g
牛乳 … カップ¼
塩 … 2つまみ
こしょう … 少量

下準備

オーブンは230℃に予熱する。

作り方

1 下ごしらえ

● アスパラガスは根元の固い皮をピーラーでむき、長さ半分に切る。豚肉は長さ半分に切り、アスパラガスに巻きつける。

● パプリカは種とヘタを取り、小さめの乱切りにする。アンチョビーは細かく刻む。ボウルにすべての材料を入れ、よく混ぜる。

○ かぶは茎2cmを残して切り落とし、6〜8等分に切る。

2 耐熱皿、アルミ箔にのせる

● 耐熱皿に豚肉を巻いたアスパラガスを並べ、塩、こしょうをふり、サラダ油をかける。

● アルミ箔で器を作り、すべての材料を入れる（アルミ箔の口は開いていてよい）。

○ アルミ箔を広げて二重にし、すべての材料を入れて包む（蒸し焼きにしたいので、すべてを覆う）。

3 焼く

オーブンの天板に**2**を並べ、230℃のオーブンで15分焼く。

before

menu
◎ アスパラガスの豚バラ巻き
◎ パプリカのアンチョビーオイル焼き
◎ かぶのミルク蒸し

PART 2

漬けて焼くだけ！

肉や魚をたれに漬けておいたら、後は焼くだけ！　リーズナブルな肉でも
やわらかく、魚は味が染みて、極上の味に変身します。

※漬け時間／肉は半日～翌々日まで、魚は2時間～翌日まで冷蔵保存OK。

230℃ | **20〜25分**

スペアリブの
アップルビネガー焼き

りんごの甘みと酢の酸味で、脂の多いスペアリブを
さっぱりとさせます。隣で焼いたりんごと
一緒に食べると、よりおいしさアップ！

材料（2人分）

スペアリブ（半分にカットしてあるもの）
　　…6〜8個（500g）

りんご … 約¾個
　（1個からAのすりおろしを除いた分）

塩 … 小さじ1

こしょう … 少量

A｜酢、サラダ油 … 各大さじ1
　｜りんご（すりおろし）… 大さじ3

オリーブ油 … 大さじ½

下準備

オーブンは230℃に予熱する。

作り方

1 漬ける

スペアリブは塩、こしょうをすり込む。ポ
リ袋に入れ、Aを加えてよくからめ、冷
蔵庫に入れて半日以上漬ける@。りん
ごの残りは皮つきのまま縦4等分に切
り、種とヘタを取る。

ⓐ

2 並べる

オーブンの天板にオーブンシートを敷い
て1を並べ、袋に残ったたれを肉にか
け、全体にオリーブ油を回しかける。

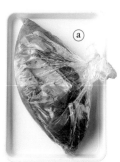

3 焼く

230℃のオーブンで20〜25分焼く。

memo
たれに使ったりんごの残りは、食べやすく切っ
て一緒に焼き上げます。ポリ袋に残ったたれも
肉の上にかけましょう。

before

スペアリブのアメリカンバーベキュー

甘酸っぱさとコクのバランスがいいたれが、スペアリブにマッチ！
こんがり焼けた玉ねぎの甘みもたまりません。

 230℃ **20〜25**分

材料（2人分）

スペアリブ（半分に切ったもの）
　　… 6〜8個（500g）
玉ねぎ … 1個
塩 … 小さじ⅓
A｜ケチャップ … 大さじ2
　｜フレンチマスタード … 小さじ2
　｜ウスターソース … 大さじ1
　｜焼き肉のたれ … 小さじ½
　｜はちみつ … 小さじ1
　｜こしょう … 少量

下準備

オーブンは230℃に予熱する。

作り方

1 漬ける

スペアリブは塩をすり込む。ポリ袋に入れ、Aを加えてよくからめ、冷蔵庫に入れて半日以上漬ける@。玉ねぎは皮つきのまま縦4等分に切る。

2 並べる

オーブンの天板にオーブンシートを敷いて**1**を並べ、袋に残ったたれをかける。玉ねぎものせる。

@

3 焼く

230℃のオーブンで20〜25分焼く。

before

豚肩ロース肉のはちみつみそ焼き

同量のはちみつとみそを混ぜたら、間違いなしのうまさ。
しっかりした味わいのある肩ロース肉をさらにおいしく包み込みます。

 230℃ **15**分

材料（2人分）

豚肩ロースステーキ用肉
　　… 2枚（300g）

れんこん … 150g

A ┃ はちみつ、みそ
　　… 各大さじ 1½

下準備

オーブンは230℃に予熱する。

作り方

1 漬ける

ポリ袋にAを入れてよく混ぜ、豚肉を入れて全体にからめ、冷蔵庫に入れて半日以上漬ける@。れんこんは皮つきのまま1.5cm幅に切る。

2 並べる

オーブンの天板にオーブンシートを敷いて1を並べ、袋に残ったたれをかける。

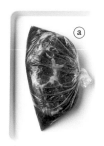
@

3 焼く

230℃のオーブンで15分焼く。肉は食べやすい大きさに切り、れんこんと共に器に盛り合わせる。

(before)

39

230℃ **15**分

ジャークチキン風

ジャマイカ生まれの肉料理です。
玉ねぎなどの薬味と数種のスパイスが混ざり合った、
複雑なおいしさはやみつき確実！

材料（2人分）

鶏もも肉 … 大1枚（300g）

パプリカ … 1個

塩 … 小さじ½

こしょう … 少量

A　玉ねぎ（すりおろし）… 大さじ4
　　オールスパイス（パウダー）
　　　… 大さじ1
　　クミンパウダー … 小さじ1
　　しょうが（すりおろし）… 小さじ½
　　にんにく（すりおろし）… 小さじ½
　　カイエンヌペッパー … 少量

オリーブ油 … 大さじ½

下準備

オーブンは230℃に予熱する。

作り方

1 漬ける

鶏肉は余分な脂を取り除き、4等分に
切り、塩、こしょうをすり込む。ポリ袋に
Aを入れてよく混ぜ、鶏肉を加えて全体
にからめ、冷蔵庫に入れて半日以上漬
ける@。パプリカは種とヘタを取り、6
等分の乱切りにする。

2 並べる

オーブンの天板にオーブンシートを敷き、
1の鶏肉を皮目を上にして並べ、ポリ袋
に残ったたれ、オリーブ油をかける。パ
プリカものせる。

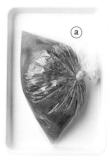
@

3 焼く

230℃のオーブンで15分焼く。肉は食
べやすく切り、パプリカと共に器に盛る。

memo
仕上がりにレモンやライムをキュッとしぼるとま
たおいしい。味変して楽しみましょう。

before

鶏むね肉のタンドリー風

家にある調味料で作れる、タンドリーチキン。
ヨーグルトには肉をしっとりジューシーにする効果も！

 230℃ **10**分

材 料 （2人分）

鶏むね肉 … 大1枚（300g）

塩 … 小さじ½

こしょう … 少量

A｜プレーンヨーグルト … カップ½
　｜カレー粉 … 大さじ1
　｜しょうが（すりおろし） … 小さじ1
　｜にんにく（すりおろし） … 小さじ½
　｜ケチャップ … 小さじ1

サラダ菜などの葉野菜 … 適量

下 準 備

オーブンは230℃に予熱する。

作り方

1 漬ける

鶏肉は3等分に切り、塩、こしょうをすり込む。ポリ袋にAを入れてよく混ぜ、鶏肉を加えて全体にからめ、冷蔵庫に入れて半日以上漬けるⓐ。

2 並べる

オーブンの天板にオーブンシートを敷き、1を並べ、ポリ袋に残ったたれをかける。

3 焼く

230℃のオーブンで10分焼く。食べやすい大きさに切った肉を器に盛り、サラダ菜を添える。

ⓐ

before

手羽元のにんにくじょうゆ焼き

にんにくじょうゆで味つけしたら、パンチのある料理が完成。
手づかみでガブリとどうぞ。こんがりねぎも美味!

230℃ **15分**

材料（2人分）

鶏手羽元 … 8本（400g）

長ねぎ … 1本

A｜にんにく（半分に切る）… 2かけ
　｜しょうゆ、みりん … 各大さじ2

下準備

オーブンは230℃に予熱する。

作り方

1 漬ける

ポリ袋にAを入れてよく混ぜ、手羽元を加えて全体にからめ、冷蔵庫に入れて半日以上漬ける@。長ねぎは6等分に切る。

@

2 並べる

オーブンの天板にオーブンシートを敷き、1をたれをぬぐって並べる。長ねぎ、漬けだれのにんにくは隙間に並べる。

3 焼く

230℃のオーブンで15分焼く。

before

43

| 230℃ | 15分 | + | 8〜10分 |

チーズタッカルビ

大人気の韓国料理をオーブンで！
コチュジャンのたれをからめて焼き、
チーズをのせて再び焼く。二段階焼きがとろ〜りのコツ。

材料（2人分）

鶏もも肉（から揚げ用）… 300g

キャベツ … 1/10 〜 1/7 個（200g）

A　コチュジャン … 大さじ1⅓
　　しょうゆ … 大さじ1
　　しょうが（すりおろし）… 小さじ1½
　　にんにく（すりおろし）… 小さじ1
　　ごま油 … 大さじ½

とろけるチーズ … 60g

下準備

オーブンは230℃に予熱する。

作り方

1 漬ける

ポリ袋にAを入れてよく混ぜ、鶏肉を加えて全体にからめ、冷蔵庫に入れて半日以上漬ける@。キャベツはざく切りにする。

before

2 並べる

耐熱皿にキャベツを入れ、1の鶏肉をたれごとのせ、アルミ箔でぴっちりふたをする⑥。

3 焼く

230℃で15分焼く。取り出して全体を混ぜ、チーズをのせ©、アルミ箔をかけずに230℃で8〜10分焼く。

memo

一度目の焼きではアルミ箔をかぶせて鶏肉にふっくらと火を通し、二度目はチーズをかけてアルミ箔なしで焼いて焼き目をつけます。

えびのレモンハーブ焼き

えびはレモンやオレガノでさわやかな風味をつけ、殻ごと焼きます。
一緒に焼いたトマトは甘みが凝縮し、じゅわっとジューシー！

230℃　15分

材料（2人分）

えび（殻つき）… 大6尾

トマト … 小2個

A ┃ レモン（輪切り）… 2枚
　┃ オリーブ油 … 大さじ1½
　┃ ドライオレガノ … 小さじ1
　┃ 塩 … 小さじ¼
　┃ こしょう … 少量

下準備

オーブンは230℃に予熱する。

作り方

1 漬ける

えびは殻つきのまま背中から包丁を入れて背ワタを取り、水洗いしてペーパータオルで水けをふく。ポリ袋にAを入れてよく混ぜ、えびを加えて全体にからめ、冷蔵庫に入れて2時間以上漬ける@。トマトは横半分に切る。

2 並べる

オーブンの天板にオーブンシートを敷き、1のえびを並べ、ポリ袋に残ったたれをかけ、レモンをのせる。隙間にトマトを置く。

3 焼く

230℃のオーブンで15分焼く。

before

さばのマリネ焼き

スパイスでマリネして野菜と盛り合わせたら、
塩さばがオシャレな一皿に早変わり。仕上げにこしょうとレモンをたっぷり！

230℃ **10**分

材料（2人分）

塩さば（2枚おろし）… 2切れ（300g）

A しょうが（すりおろし）… 小さじ1
　 にんにく（すりおろし）… 小さじ½
　 クミンパウダー、
　　　コリアンダーパウダー
　　　　… 各小さじ½
　 オリーブ油 … 大さじ2

ベビーリーフ、粗びき黒こしょう
　　　… 各適量

レモン … ½個

下準備

オーブンは230℃に予熱する。

作り方

1 漬ける

ポリ袋にAを入れてよく混ぜ、さばを
加えて全体にからめ、冷蔵庫に入れ
て2時間以上漬けるⓐ。

2 並べる

オーブンの天板にオーブンシートを敷
き、**1**のさばを皮目を上にして並べ、
ポリ袋に残ったたれをかける。

ⓐ

3 焼く

230℃のオーブンで10分焼く。器にベ
ビーリーフを盛り、さばを手でざっくりと
割ってのせ、粗びき黒こしょうをふる。レ
モンを添えてしぼって食べる。

(before)

47

ぶりの怪味ソース

中国四川省生まれの、ピリッと辛くて酸味もある、
複雑でおいしいソースをたっぷりからめて！ ごはんに合います。

 230℃ **10**分

材料 （2人分）

ぶり … 2切れ

アスパラガス … 4本（100g）

A│ ねぎ（みじん切り）… 大さじ2
 │ みりん … 大さじ1½
 │ 白すりごま、しょうゆ、酢
 │ … 各大さじ1
 │ にんにく（みじん切り）… 小さじ1
 │ 豆板醤 … 小さじ½
 │ 花椒（粉末）… 小さじ⅓

下準備

オーブンは230℃に予熱する。

作り方

1 漬ける

ポリ袋にAを入れてよく混ぜ、ぶりを加えて全体にからめ、冷蔵庫に入れて2時間以上漬ける@。アスパラガスは根元のかたい皮をピーラーでむき、少し斜めに3等分に切る。

2 並べる

オーブンの天板にオーブンシートを敷き、1のぶり、アスパラガスを並べ、ポリ袋に残ったたれをかける。

@

3 焼く

230℃のオーブンで10分焼く。

before

いわしのハーブマリネ焼き

いわしをハーブなどでマリネしたら、クセがおいしさに変わります。
オーブン焼きなら、身がかたくならずふっくら！

 230℃ **15**分

材料（2人分）

いわし … 4〜6尾（正味300〜350g）

塩 … 小さじ½

A ┌ レモン（国産・薄切り）… 2枚
　├ ローズマリー … 1枚
　├ ローリエ … 1枚
　├ タイム（あれば）… 1枝
　└ オリーブ油 … 大さじ1

下準備

オーブンは230℃に予熱する。

作り方

1 漬ける

いわしは頭とワタを取り除き、きれいに
洗う。塩をふって10分ほどおき、さっと
洗ってペーパータオルで水けをふく。ポ
リ袋にAを入れてよく混ぜ、いわしを加
えて全体にからめ、冷蔵庫に入れて2
時間以上漬ける@。

2 並べる

オーブンの天板にオーブンシートを敷
き、1のいわしを並べ、レモンやハーブ
をのせる。

3 焼く

230℃のオーブンで15分焼く。

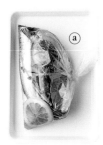

before

49

オーブンで一度に焼くだけ献立②

オーブンなら、一度に3品を作ることも可能です。下ごしらえして、オーブンの天板に並べたら
後はオーブンまかせ！ 忙しい日にも活躍しそうなお助け献立です。

🔲 | **230℃** | 7〜8分 | + | 7分

魚介がおいしい おつまみ献立

蒸し焼きにした魚介、オイルで香ばしく焼いたトマト。
ガーリックトーストも一緒に作ればおつまみ3点セットの完成！
ガーリックトーストは途中で加えて一緒に焼き上げます。

材料（2人分）

● えびといかのビネガー蒸し
えび（殻つき）… 6尾（正味100g）
いか … 1ぱい（正味100g）
玉ねぎ … ¼個（50g）
酢、オリーブ油 … 各大さじ1
塩 … 小さじ¼
こしょう … 少量

● ミニトマトのオイル焼き
ミニトマト … 8個
塩、こしょう … 各少量
ドライハーブ（好みで オレガノなど）
　　… 小さじ½
オリーブ油 … 大さじ½

○ ガーリックトースト
フランスパン … 15cm
にんにく（すりおろす）… 少量
バター … 10g

下準備

オーブンは230℃に予熱する。

作り方

1 下ごしらえ

● えびは殻をむいて背ワタ、尾を取る。ボウルに入れ、片栗粉小さじ1、水少量（各分量外）をからめてもみ、さっと洗ってペーパータオルで水けをふく。いかはワタと軟骨を除いて皮をむき、食べやすく切る。足はワタを切ってくちばしを取り、食べやすく切る。玉ねぎは薄切りにする。

● ミニトマトはヘタを取る。

○ バターをやわらかくしてにんにくを混ぜ、4等分にスライスしたパンに塗る。

2 アルミ箔にのせる

● アルミ箔を広げ、材料を入れて包む（蒸し焼きにしたいので、すべてを覆う）。

● アルミ箔で器を作り、トマト、塩、こしょう、ドライハーブを入れ、オリーブ油をからめる（アルミ箔の口は開いていてよい）。

○ アルミ箔にパンをのせる。

3 焼く

オーブンの天板に● えびといかのビネガー蒸し、● ミニトマトのオイル焼きをのせ、230℃のオーブンで7〜8分焼く。○ ガーリックトーストを並べ、さらに7分焼く。

before

menu
◎ えびといかのビネガー蒸し
◎ ミニトマトのオイル焼き
◎ ガーリックトースト

オーブン焼きで
野菜がおいしい①

並べて
焼くだけ！

野菜を耐熱皿に並べたら、
オイルなどをかけて焼くだけ！
ギューッと凝縮した、
甘みとうまみが最高です。

きのこのカマンベール焼き

きのこにチーズをとろ〜りからめて！

材料（2人分）

しめじ、しいたけ
　　… 各1パック（200g）
カマンベールチーズ … 小1個
A｜オリーブ油 … 大さじ1
　｜塩 … 2つまみ
粗びき黒こしょう … 少量

下準備

オーブンは230℃に予熱する。

作り方

 230℃　10分

1 下ごしらえ

きのこは石づきを落とし、しめじはほぐし、しいたけは十字に切る。ボウルに入れ、Aをからめる。チーズは4〜5等分に切る。

2 並べる

耐熱皿にきのこを入れ、チーズをのせる。

3 焼く

230℃のオーブンで10分焼く。取り出し、粗びき黒こしょうをふる。

 before

トマトとズッキーニと
なすの並べ焼き

3つの野菜を一緒に食べるのがおいしい食べ方。

 230℃ **12〜15分**

材料（2人分）

なす … 1本

ズッキーニ … 5cm

ミディトマト … 2個

塩 … 2つまみ

ドライハーブ（オレガノなど）
　… 少量

オリーブ油 … 大さじ2

下準備

オーブンは230℃に
予熱する。

作り方

1 下ごしらえ

野菜は7mm厚さに切る。

2 並べる

耐熱皿に野菜を交互に
少しずらしながら並べ、
塩、ドライハーブをふり、オ
リーブ油を全体にかける。

3 焼く

230℃のオーブンで12〜
15分焼く。

before

かぶのクミン焼き

一口ごとにじゅわっとジューシー！
スパイシーな香りもグッド！

 230℃ **10分**

材料（2人分）

かぶ … 3個（250g）

A｜オリーブ油
　　… 大さじ1½
　｜クミンシード
　　… 小さじ½
　｜塩 … 2つまみ

下準備

オーブンは230℃に
予熱する。

作り方

1 下ごしらえ

かぶは茎を3cm残し、6
〜8等分のくし形に切る。

2 並べる

ボウルに1を入れてAを
からめ、耐熱皿に移す。

3 焼く

230℃のオーブンで10分
焼く。

before

野菜の
ファルシ

ファルシとは
詰め物料理のこと。
野菜を器にして具をのせたら、
おつまみにもぴったり！

しいたけの
ベーコンパン粉ファルシ

カリカリのパン粉がおいしさのキモ

 230℃ | **12〜15分**

材料（2人分）

しいたけ … 4〜6個

ベーコンパン粉

　ベーコン（みじん切り）

　　… 大さじ2

　パン粉 … 大さじ4

　オリーブ油 … 大さじ2

下準備

オーブンは230℃に予熱する。

作り方

1 下ごしらえ

ベーコンパン粉の材料はよく混ぜる。
しいたけは軸を切り落とす。

2 詰める

耐熱皿にしいたけの裏側のヒダの部
分を上にしてのせ、ベーコンパン粉
を詰める。

3 焼く

230℃のオーブンで12〜15分焼く。

before

アボカドのツナマヨファルシ

とろりと焼けたアボカドに、ツナマヨがマッチ！

 230℃ | **12～15分**

材料（2人分）

アボカド … 1個
ツナ缶 … 小1缶（70g）
マヨネーズ … 大さじ1

下準備

オーブンは230℃に
予熱する。

作り方

1 下ごしらえ

ツナは缶汁をきり、マヨネーズと混ぜる。アボカドは縦半分に切り、種を除く。

2 詰める

アボカドの種がついていたくぼみに1のツナマヨを盛り、耐熱皿にのせる。

3 焼く

230℃のオーブンで12～15分焼く。

before

玉ねぎのくるみみそファルシ

濃厚みそが玉ねぎの甘みを引き立てる！

 230℃ | **10～15分**

材料（2人分）

玉ねぎ … 小2個
くるみみそ
　くるみ（刻む）
　　… 大さじ2
　みそ … 大さじ1
　砂糖、みりん
　　… 各小さじ2

下準備

オーブンは230℃に
予熱する。

作り方

1 下ごしらえ

くるみみその材料はよく混ぜる。玉ねぎは1cm幅の輪切りにし、6個用意する。

2 詰める

玉ねぎを面積が広いほうの切り口を上にして耐熱皿に並べ、くるみみそをのせる。

3 焼く

230℃のオーブンで10～15分焼く。

before

野菜1つの
グラタン

野菜を刻んでクリームや
牛乳をかけて焼くだけの
簡単グラタン。野菜が
ごちそう料理に早変わり!!

長いものグラタン

とろとろ、ねっとり、シャキッ!
長いもの食感が楽しい。

 230℃ **15**分

材料（2人分）

長いも … 300g

塩 … 2つまみ

とろけるチーズ … 20g

下準備

オーブンは230℃に予熱する。

作り方

1 下ごしらえ

長いもは皮をむいてポリ袋に入れ、
めん棒などで粗くずすように叩く。塩
を加え、よく混ぜる。

2 並べる

耐熱皿に**1**を入れ、チーズをのせる。

3 焼く

230℃のオーブンで15分焼く。

before

カリフラワーのミルクグラタン

一口ごとにカリフラワーの甘みが
じんわり広がります。

ねぎのクリームグラタン

短時間で火が通るよう、
ねぎは小口切りがベスト。

 230℃ **15**分

材料（2人分）

カリフラワー … 150g

塩 … 2つまみ

牛乳 … カップ1

粉チーズ … 小さじ1

下準備

オーブンは230℃に
予熱する。

作り方

1 下ごしらえ

カリフラワーは小房に分
け、ざく切りにする。

2 並べる

耐熱皿に**1**を入れ、塩
を全体にふる。牛乳を加
え、粉チーズをかける。

3 焼く

230℃のオーブンで15分
焼く。

 before

 230℃ **15**分

材料（2人分）

長ねぎ … 1本（100g）

塩 … 2つまみ

生クリーム
（脂肪分40%台）
　　… カップ½

とろけるチーズ… 20g

下準備

オーブンは230℃に
予熱する。

作り方

1 下ごしらえ

長ねぎは小口切りにする。

2 並べる

耐熱皿に**1**を入れ、塩を
全体にふる。生クリームを
加え、チーズをのせる。

3 焼く

230℃のオーブンで15分
焼く。

 before

PART 3

ソースと焼くだけ！

ホワイトソースやミートソース、材料を混ぜただけのソースをかけたり、
混ぜたりして焼く料理です。ソースをまとった肉や魚はリッチな味わい。

230℃ | **15分**

チキンマカロニグラタン

とろーりクリーミーなソースとプルンとしたマカロニ。
そこにチキンのうまみが加わり…… 絶対においしい！

材料（2人分）

鶏もも肉 … ½枚（150g）

マカロニ … 50g

玉ねぎ … ¼個（50g）

マッシュルーム … 4個（60g）

塩、こしょう … 各適量

サラダ油 … 小さじ1

ホワイトソース

　バター … 30g

　小麦粉 … 30g

　牛乳 … カップ2

　塩 … 小さじ¼

　こしょう、ナツメグ（好みで）

　　 … 各少量

とろけるチーズ … 40g

下準備

オーブンは230℃に予熱する。

作り方

1 下ごしらえ

玉ねぎは薄切り、マッシュルームは石づき
を落として5mm厚さに切る。鶏肉は余分な
脂を取り除き、小さめの角切りにし、塩小
さじ¼、こしょう少量をふる。マカロニは表
示通りに熱湯でゆで、しっかり湯をきる。

2 炒める

フライパンにサラダ油を熱し、鶏肉、玉ね
ぎを入れて中火で炒める。玉ねぎがしんな
りしたらマッシュルームを加えて炒め、火が
通ったら塩、こしょう各少量をふり、マカロ
ニを加えて混ぜるⓐ。ホワイトソースを作る
（下記参照）。

3 焼く

2の具にホワイトソースを加えて混ぜ、耐熱
皿に入れ、チーズをふり、230℃のオーブ
ンで15分ほど、こんがりとした焼き色がつ
くまで焼く。

ⓐ

before

ホワイトソースの作り方

❶ 鍋にバターを入れて弱め
の中火にかける。バターが
溶けたら小麦粉を一気に加
える。

❷ 木ベラで丁寧に混ぜ、
粉っぽさがなくなり、フワーッ
とふくらんでフツフツ穴があ
くまで炒める。

❸ 牛乳の½量を加える。
この時点では決して混ぜな
い。ただし、粉とバターが
混ざったものが鍋底につい
たら、軽くはがす。

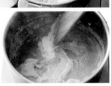

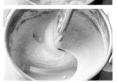

❹ 牛乳がポコポコと完全
に沸くまで、混ぜずに待つ。

❺ 沸いたら木ベラで一気
に混ぜ、なめらかになるまで
しっかり混ぜ続ける。

❻ なめらかになったら残り
の牛乳の½量を加え、沸い
たら混ぜる、を繰り返し、な
めらかになったら塩、こしょ
う、ナツメグで調味する。

えびとじゃがいものホワイトソースグラタン

ホワイトソースがからんだホクホクじゃがいもだけでも
おいしいのに、えびのうまみが加わったら、もう最高！

 230℃ **15**分

材料（2人分）

えび … 10尾（殻つき150g）

じゃがいも … 2個（300g）

サラダ油 … 大さじ1

白ワイン … カップ¼

塩 … 2つまみ

こしょう … 少量

ホワイトソース

　バター … 30g

　小麦粉 … 30g

　牛乳 … カップ2

　塩 … 小さじ¼

　こしょう … 少量

とろけるチーズ … 30g

下準備

オーブンは230℃に予熱する。

作り方

1 下ごしらえ

えびは殻をむいて背ワタ、尾を取る。ボウルに入れ、片栗粉小さじ1、水少量（各分量外）をからめてもみ、さっと洗ってペーパータオルで水けをふく。じゃがいもは8mm角の棒状に切る。

2 炒める

ⓐ

フライパンにサラダ油を熱し、じゃがいもを入れて色づかないように中火で4〜5分炒めて塩、こしょうをふる。しんなりしたらえび、白ワインを加え、煮立ててえびにほぼ火を通すⓐ。ホワイトソースを作る（p.59参照）。

3 焼く

before

2の具にホワイトソースを加えて混ぜ、耐熱皿に入れ、チーズをかける。230℃のオーブンで15分焼く。

かきとねぎのホワイトソースグラタン

かきのうまみが詰まった大人味のグラタンです。
とろりとやわらかくなったねぎもソースと相性ばっちり。

 230℃ **15**分

材料（2人分）

かき … 10粒（200g）

長ねぎ … 2本（200g）

A｜パン粉 … 大さじ3
　｜粉チーズ、サラダ油
　｜　… 各大さじ1

水 … カップ⅓

バター … 5g

塩、こしょう … 各少量

白ワイン … カップ¼

ホワイトソース

　バター … 25g

　小麦粉 … 25g

　牛乳 … カップ1½

　塩 … 2つまみ

　こしょう … 少量

下準備

オーブンは230℃に予熱する。

作り方

1 下ごしらえ

かきはボウルに入れ、片栗粉小さじ1と水
少量（各分量外）をからめてもみ、水でき
れいにすすいで水けをふく。長ねぎは3cm
幅に切る。Aは混ぜる。

2 炒める

フライパンに長ねぎ、分量の水、バターを
入れ、ふたをして中火にかけ、煮立って
から5分ほど蒸し煮にし、塩、こしょうをふ
る。かき、白ワインを加え、ふたをして中
火で30秒ほど蒸し煮にする。水分が多い
ようなら、ふたをとって水分を少し煮とばす
ⓐ。ホワイトソースを作る（p.59参照）。

ⓐ

3 焼く

2の具にホワイトソースを加えて混ぜ、耐熱
皿に入れ、Aをふり、230℃のオーブンで
15分焼く。

before

| 230℃ | 15分 |

ミラノ風ドリア

甘酸っぱくてコクのあるミートソースとなめらかなホワイトソース。
2つのソースをからめて食べる、みんな大好きドリア。

材料（2〜3人分）

ご飯 … 250g

ミートソース

- 合いびき肉 … 200g
- 玉ねぎ（みじん切り）… 1個（200g）
- にんにく（みじん切り）… 小1かけ
- 赤ワイン … カップ⅓
- カットトマト缶 … ½缶（200g）
- ローリエ … 1枚
- タイム（あれば）… 1枝
- オリーブ油 … 大さじ1½
- 塩 … 小さじ½
- こしょう … 少量

ホワイトソース

- バター、小麦粉 … 各25g
- 牛乳 … カップ1½
- 塩 … 2つまみ
- こしょう … 少量
- ナツメグ（好みで）… 少量

とろけるチーズ … 30g

下準備

オーブンは230℃に予熱する。

作り方

1 ソースを作る

ミートソース（下記参照）、ホワイトソース（p.59参照）を作る。

2 重ねる

耐熱皿にご飯を平らに入れ、ミートソース@、ホワイトソースを順にかけ、チーズをふる。

3 焼く

230℃のオーブンで15分焼く。

ⓐ

before

ミートソースの作り方

❶ 鍋にオリーブ油を熱し、玉ねぎ、にんにくを中火でさっと炒める。水大さじ2を入れ、煮立ったらふたをし、ときどき混ぜながら弱火で10分ほど蒸し煮にする。

❷ 野菜がねっとりしたら端に寄せ、ひき肉を加えて強めの中火で軽く炒め、全体を炒め合わせる。

❸ 赤ワインを加え、強火にしてしっかり煮立ててアルコール分をとばす。

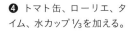

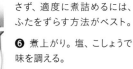

❹ トマト缶、ローリエ、タイム、水カップ⅓を加える。

❺ 煮立ったらふたをずらしてのせ、ときどき混ぜながら弱火で15分ほど煮る。焦がさず、適度に煮詰めるには、ふたをずらす方法がベスト。

❻ 煮上がり。塩、こしょうで味を調える。

なすのミートソースグラタン

2つのソースがなすをごちそうにします。
なすは蒸し焼きにし、炒め油の量を減らすのがコツ。

 230℃ **15**分

材 料 （2人分）

なす … 3本 (240g)
オリーブ油 … 大さじ1
塩 … 1つまみ
こしょう … 少量

ミートソース

　合いびき肉 … 200g
　玉ねぎ (みじん切り) … 1個 (200g)
　にんにく (みじん切り) … 小1かけ
　赤ワイン … カップ ⅓
　カットトマト缶 … ½缶 (200g)
　ローリエ … 1枚
　タイム (あれば) … 1枝
　オリーブ油 … 大さじ1½
　塩 … 小さじ½
　こしょう … 少量

ホワイトソース

　バター、小麦粉 … 各20g
　牛乳 … カップ1¼
　塩 … 2つまみ
　こしょう、ナツメグ
　　(好みで) … 各少量

とろけるチーズ … 30g

下 準 備

オーブンは230℃に予熱する。

作り方

1 蒸し煮にする

なすは1cm幅の輪切りにする。フライ
パンにオリーブ油を熱してなすを並
べ、水カップ⅓を入れて中火にか
け、煮立ったらふたをして5分ほど蒸
し煮にする。なすに火が通ったらふ
たをとり、水分をとばして軽く焼き色
をつけ、塩、こしょうで味を調える。

2 ソースを作る

ミートソース (p.62参照)、ホワイトソー
ス (p.59参照) を作る。

3 重ねて焼く

耐熱皿に **1** のなす、ミートソース ⓐ、
ホワイトソースを順にかけ、チーズをふ
り、230℃のオーブンで15分焼く。

ⓐ

(before)

きのことチキンのトマトクリームグラタン

ホワイトソースにトマトペーストで酸味を加えると
食べ飽きず、ずっとおいしい。きのこのうまみもギュッ！

 230℃ **15**分

材料 (2人分)

鶏もも肉 … 150g

しめじ … 1パック (100g)

エリンギ … 1パック (100g)

玉ねぎ … ½個 (100g)

サラダ油 … 小さじ1

塩 … 小さじ¼

こしょう … 少量

ホワイトソース

　バター … 30g

　小麦粉 … 30g

　牛乳 … カップ2

　塩 … 小さじ¼

　こしょう、ナツメグ (好みで)
　　… 各少量

トマトペースト … 1袋 (大さじ1)

とろけるチーズ … 40g

下準備

オーブンは230℃に予熱する。

作り方

1 下ごしらえ

きのこは石づきを落とし、しめじはほぐし、エリンギは小さめの乱切りにする。玉ねぎは薄切り、鶏肉は余分な脂を取って小さめの角切りにする。

2 炒め、ソースを作る

フライパンにサラダ油を熱し、鶏肉、玉ねぎを中火で炒める。玉ねぎがしんなりしたらきのこを加えて火を通し、塩、こしょうで味を調える ⓐ。ホワイトソースを作り (p.59参照)、トマトペーストを混ぜる。

ⓐ

3 焼く

耐熱皿に **2** の具を入れ、トマトホワイトソースをかけてチーズをふり、230℃のオーブンで15分焼く。

before

65

 **230**℃ | **15**分

白身魚と白菜の
カレークリームグラタン

白菜カレーを作り、白身魚にかけて焼く焼きカレー風。
ふっくら魚＆くたくたになった白菜は、ごはんにもパンにも。

材料（2人分）

白身魚（たい、たらなど）… 2切れ

白菜 … 400g

塩 … 小さじ ½

バター … 5g

牛乳 … カップ 1½

カレールウ … 45g

粗びき黒こしょう … 少量

とろけるチーズ … 20g

下準備

オーブンは230℃に予熱する。

作り方

1 下ごしらえ

白身魚は塩をすり込んで5分ほどおき、さっと洗ってペーパータオルで水けをふき、3等分に切る。白菜はざく切りにする。

2 蒸し煮にする

ⓐ

フライパンに **1** の白菜、水カップ ⅓、バターを入れ、ふたをして中火にかけ、煮立ってから8分ほど蒸し煮にする。牛乳を加え、再び煮立ったらいったん火を止めてカレールウを加え ⓐ、とろみがつくまで中火で混ぜる。

3 焼く

ⓑ

耐熱皿に **1** の白身魚を入れて粗びき黒こしょうをふり ⓑ、**2** をかけ、チーズをのせる。230℃のオーブンで15分焼く。

memo

魚は火が通りやすいので、生のままでOK。ソースをかけて焼けば蒸し焼き状態になり、ふっくらと仕上がります。

（ before ）

ヤンソンさんの誘惑

じゃがいも、アンチョビー、生クリームの3つが
揃うからこそおいしい、スウェーデンの家庭料理です。

230℃ | **10~15分**

材料（2人分）

じゃがいも … 2個（400g）

アンチョビー … 3～4枚

生クリーム（乳脂肪分40%台）
　… カップ1½

とろけるチーズ … 30g

下準備

オーブンは230℃で予熱をする。

作り方

1 下ごしらえ

じゃがいもは5mm角の棒状に切り、さっ
と洗って水けをきる。

2 並べる

ⓐ

耐熱皿に**1**のじゃがいもの半量を並
べ、アンチョビーをちぎって全体にの
せ、残りのじゃがいもをのせるⓐ。生ク
リームを鍋に入れてアツアツに温めて
かけ、チーズをふる。

3 焼く

230℃のオーブンで10～15分焼く。

before

牛こまとまいたけのデミチーズ焼き

ハッシュドビーフを香ばしく焼いたら！をイメージ。
デミグラスソース＋チーズの濃厚な味わいは子供も大好きな味。

 230℃ ｜ **15**分

材料（2人分）

牛こま切れ肉 … 150g

まいたけ … 1パック（100g）

玉ねぎ … ½個（100g）

塩、こしょう … 各適量

サラダ油 … 大さじ1

デミグラスソース（市販）… 100g

とろけるチーズ … 30g

下準備

オーブンは230℃に予熱する。

作り方

1 下ごしらえ

まいたけは食べやすく割る。玉ねぎは
薄切りにする。牛肉は食べやすく切り、
塩、こしょう各少量をふる。

2 炒める

フライパンにサラダ油を熱して**1**を入
れ、中火で3〜4分炒め、しんなりし
たら塩、こしょう各少量をふる ⓐ。

3 焼く

耐熱皿に**2**を入れ、デミグラスソース
をかけ、チーズをふって230℃のオー
ブンで15分焼く。

before

230℃ **15**分

鶏肉としめじのドフィノア

じゃがいものグラタン・ドフィノアのおいしさそのままに
鶏肉、きのこを詰め込み、具だくさんに仕上げました。

材料（2人分）

じゃがいも … 2個（300g）

玉ねぎ … ½個（100g）

しめじ … 1パック（100g）

鶏もも肉 … 100g

牛乳、生クリーム（乳脂肪分40%台）
　　… 各カップ ¾

バター … 10g

塩、こしょう … 各適量

下準備

オーブンは230℃に予熱する。

作り方

1 下ごしらえ

じゃがいもはスライサーなどで薄切りに
する。玉ねぎは薄切りにする。しめじは
石づきを落とし、ほぐす。鶏肉は余分
な脂を取り除き、3〜4cm角に切る。

2 炒める

フライパンにバターを溶かし、**1**のじゃ
がいも以外を入れ、中火で炒める。野
菜がしんなりしたら塩小さじ¼、こしょ
う少量で調味し、耐熱皿に移すⓐ。

3 煮る

鍋にじゃがいも、牛乳、生クリーム、塩
小さじ⅓、こしょう少量を入れて中火
にかけ、全体を混ぜながら、煮立った
ら弱火で3〜4分煮るⓑ。

4 焼く

2の耐熱皿に**3**をかけ、230℃のオー
ブンで15分焼く。

memo
薄切りにしたじゃがいもの食感がおいしいの
で、スライサーか、ない場合は包丁で極薄切
りにしましょう。

ⓐ

ⓑ

before

230℃ **15分**

さけとブロッコリーの
マッシュポテト焼き

ホクホクでクリーミーなマッシュポテトがソース代わり。
相性のいいさけを合わせたら、おいしくないわけがありません。

材料（2人分）

生ざけ … 2切れ（200g）

ブロッコリー … 6房（80g）

塩 … 小さじ½

こしょう … 少量

マッシュポテト

　じゃがいも … 2個（300g）

　牛乳 … カップ½〜¾

　バター … 10g

　塩、こしょう … 各少量

粉チーズ … 小さじ1

下準備

オーブンは230℃に予熱する。

作り方

1 下ごしらえ

マッシュポテトを作る（下記参照）。さけ
は3等分に切り、塩をふって5分ほどお
き、さっと洗ってペーパータオルで水け
をふき、こしょうをふる。ブロッコリーは
熱湯でさっとゆで、水けをきる。

2 重ねる

耐熱皿に **1** のブロッコリー、さけを入れ
、マッシュポテトをかけ、粉チーズをふ
る。

3 焼く

230℃のオーブンで15分焼く。

memo
マッシュポテトと相性のいい、たらやカリフラ
ワーでもおいしく作れます。

before

マッシュポテトの作り方

❶ じゃがいもはいちょう切りにし、水からやわらかくゆで、湯をきる。
❷ ボウルに移し、マッシャーなどでなめらかにつぶす。
❸ 牛乳、バター、塩、こしょうを加える。
❹ とろりとするまで混ぜる。

フランスパンキッシュ

パイ生地代わりにフランスパンを使った手軽なキッシュ。
カリカリパンとしっとり卵のコントラストがおいしいです。

 180℃ | **50分〜1時間**

材料（直径18〜20cm、高さ4〜5cmの耐熱容器1個分）

フランスパン … 10cm（50g）
マッシュルーム … 4個
玉ねぎ … ¼個（50g）
ベーコン（ブロック）… 60g
サラダ油 … 小さじ1
塩 … 2つまみ
こしょう … 少量

アパレイユ
　卵 … 3個
　牛乳、生クリーム（乳脂肪分40%台）
　　… 各カップ¾
　塩 … 小さじ¼
　こしょう … 少量
とろけるチーズ … 40g

下準備

オーブンは180℃に予熱する。

作り方

1 下ごしらえ

パンは1cm幅に切る。マッシュルームは石づきを落とし、5mm幅に切る。玉ねぎはみじん切りにする。ベーコンは1cm幅の棒状に切る。

2 炒める

フライパンにサラダ油を熱し、**1**のフランスパン以外を入れ、中火で炒める。しんなりしたら、塩、こしょうで調味し@、取り出して粗熱をとる。アパレイユの材料は混ぜる。

ⓐ

3 焼く

耐熱皿の底と周りにパンを並べ、**2**の具、チーズを入れて軽く混ぜ、アパレイユを加える。180℃のオーブンで50分〜1時間焼く。

before

ほうれん草とハムのフラン

フランとは例えるなら洋風茶碗蒸し。
ゆっくりじっくり火を入れ、なめらかな口当たりにします。

 180℃ **40分**

材料（2人分）

ほうれん草 … ½束（100g）

玉ねぎ … ¼個（50g）

ハム … 4枚（60g）

サラダ油 … 小さじ1

アパレイユ

　卵 … 2個

　牛乳、生クリーム（乳脂肪分40％台）

　　… 各カップ½

　塩 … 2つまみ

　こしょう … 少量

とろけるチーズ … 40g

下準備

オーブンは180℃に予熱する。

作り方

1 下ごしらえ

ほうれん草は熱湯でさっとゆで、水にとって冷まし、水けをしぼって2cm幅に切る。玉ねぎはみじん切りにし、ハムは1cm角に切る。

ⓐ

2 炒める

フライパンにサラダ油を熱し、**1**を中火で炒めるⓐ。アパレイユの材料は混ぜる。

3 焼く

耐熱皿に**2**の具を入れてアパレイユを加え、チーズをふる。180℃のオーブンで40分焼く。

before

75

オーブンで一度に焼くだけ献立③

オーブンなら、一度に3品を作ることも可能です。下ごしらえして、オーブンの天板に並べたら
後はオーブンまかせ！　忙しい日にも活躍しそうなお助け献立です。

 230℃ **20**分

ボリュームたっぷり 肉献立

メインはオーブンで蒸し焼きにするトマト煮。こんがり焼いたチーズ焼き、
野菜のオイル焼きとバラエティに富んだ組み合わせです。

材料（2人分）

● 鶏もも肉のトマト煮

鶏もも肉 … 大1枚（300g）

トマト … 1個（150g）

玉ねぎ … ¼個

にんにく（みじん切り）… 小さじ1

塩 … 小さじ⅓

こしょう … 少量

オリーブ油 … 大さじ1

**● きのことベーコンの
　パンチーズ焼き**

きのこ（好みのもの）… 計150g

フランスパン … 5cm

ベーコン … 1枚（40g）

オリーブ油 … 大さじ1

とろけるチーズ … 20g

○ かぼちゃのオイル焼きマリネ

かぼちゃ … 100g

A｜塩、こしょう … 各少量
　｜酢、はちみつ … 各小さじ1

オリーブ油 … 大さじ½

下準備

オーブンは230℃に予熱する。

作り方

1 下ごしらえ

● 鶏肉は一口大に切り、塩、こしょうをすり
込む。トマトは角切り、玉ねぎは薄切りにす
る。にんにくとオリーブ油は混ぜる。

● きのこは石づきを落とし、食べやすい大
きさに切る。パンは2〜2.5cm角に切る。
ベーコンは1cm幅に切る。

○ かぼちゃは種とワタを取り、8mm幅のくし
形切りにする。Aは混ぜる。

2 並べる

● アルミ箔を2枚広げ、鶏肉、トマト、玉ね
ぎの順に均等にしてのせ、にんにく、オリー
ブ油をかけ、アルミ箔で包む（蒸し焼きに
したいので、すべてを覆う）。

● 耐熱皿に材料を入れ、オリーブ油をか
け、チーズを散らす。

○ アルミ箔を器にし、かぼちゃを並べ、オ
リーブ油をかけて全体にからめる（アルミ
箔の口は開いていてよい）。

3 焼く

オーブンの天板に**2**をのせ、230℃のオー
ブンで20分焼く。途中、● きのことベーコ
ンのパンチーズ焼きは、こんがり焼き色が
ついたら取り出す。○ かぼちゃのオイル焼き
マリネは、焼き上がりに混ぜたAをかける。

before

menu
◎鶏もも肉のトマト煮
◎きのことベーコンのパンチーズ焼き
◎かぼちゃのオイル焼きマリネ

オーブンなら簡単！
ごちそう料理

ごちそう料理はオーブンの得意ワザ！ かたまりや骨つきの肉だって
中までしっとり火が入ります。しかも、思いのほか簡単なのもうれしい。

230℃ **30分**

骨つき鶏もも肉の
ローストチキン風

骨つき肉が味わい深いのは、焼いてるうちに
骨の髄からうまみが出て、肉に染みるから！
クリスマスや記念日にももってこいです。

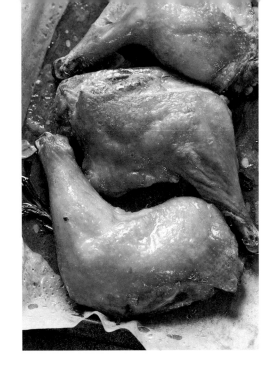

材料（3人分）

骨つき鶏もも肉 … 3本（900g）

にんにく（薄切り）… 1かけ分

ローズマリー … 2枝

クレソン、レモン … 各適量

塩 … 小さじ1½
　　（鶏肉1本につき、小さじ½）

こしょう … 少量

サラダ油 … 小さじ1

下準備

オーブンは230℃に予熱する。

作り方

1 下ごしらえ

鶏肉は皮目でないほうから、骨の周りに
包丁を入れ、骨を浮き上がらせる。塩、
こしょうをすり込み、20分ほど冷蔵庫に
入れておく。

2 並べる

オーブンの天板にオーブンシートを敷き、
にんにく、ローズマリーを置き、その上に
1の鶏肉の皮目を上にしてのせ、サラダ
油をからめる。

3 焼く

230℃のオーブンで30分ほど焼く。器
に盛り、クレソン、レモンを添える。

before

Point

鶏肉の皮目を下にし、骨の周りに包
丁を入れて骨を浮き立たせる。火
の通りがよくなり、食べやすくなる。

塩味が少ないと味けないので、鶏
肉に塩、こしょうをよくすり込む。

🔲 | 230℃ | 30分

骨つき鶏もも肉の
チャイニーズスパイス焼き

焼いてるそばから、五香粉の特徴的な香りがふわ〜っ！
甘みもあるしょうゆだれは、クセになるおいしさです。

材料（3人分）

骨つき鶏もも肉 … 3本（900g）

A ┃ しょうゆ … 大さじ2
　┃ 酒、ごま油 … 各大さじ1
　┃ 砂糖 … 小さじ1
　┃ にんにく（すりおろし）… 小さじ1
　┃ しょうが（すりおろし）… 小さじ1
　┃ 五香粉 … 少量

長ねぎ … 適量

下準備

オーブンは230℃に予熱する。

作り方

1 下ごしらえ

鶏肉は関節で半分に切る。長ねぎ
はせん切りにして水にさらし、水けを
きり、白髪ねぎにする。

2 漬ける

ボウルにAを入れてよく混ぜ、1の
鶏肉を入れてよくもみ込み、冷蔵庫
で2時間ほどおく。

3 焼く

オーブンの天板にオーブンシートを
敷き、2の鶏肉を皮目を上にして
のせ、ボウルに残ったたれをかけ、
230℃のオーブンで30分ほど焼く。
器に盛り、1の白髪ねぎをのせる。

before

Point

鶏肉の関節に包丁を入れ、半分
に切る。ここに包丁を入れるとラ
クに切れる。

中華風のスパイシーな味にするに
は、五香粉が欠かせない。にんに
く、しょうがは臭み抜きと風味づ
けの役目。

200℃ ｜ **40〜50**分

豚肩ロースの焼き豚風

甘辛いたれがからんだ焼き豚は、オーブン焼きが手軽。
漬けだれに五香粉を入れると独特の香りが漂い、本格的な味わいに。

材料（作りやすい分量）

豚肩ロース肉（ブロック）
　… 1本（400〜450g）

漬けだれ

砂糖 … 大さじ3

にんにく（たたく）… 1かけ

長ねぎ（青い部分）… 5cm

酒、みりん、しょうゆ
　… 各カップ¼

五香粉（好みで）… 適量

香菜 … 適量

下準備

オーブンは200℃に予熱する。

memo

砂糖は粒子が大きく、しょうゆに
漬けた後だと味が入りにくいので、
先に豚肉にすり込んでおきます。
砂糖には保水力があるので、肉を
しっとり仕上げる効果もあります。

作り方

1 漬ける

豚肉はポリ袋に入れ、漬けだれの砂糖を加えて
袋の上からすり込み、10分ほどおく。砂糖がしっ
とり溶けてきたら漬けだれの残りの材料を加え、
空気を抜いて口を閉じ、冷蔵庫で1日おく。

2 並べる

オーブンの天板にオーブンシートを敷き、**1**の豚
肉の汁けをきってのせる。漬けだれはとっておく。

3 焼く

200℃のオーブンで40〜50分焼く。焼き色が
つきやすいので、焦げ始めたらアルミ箔をかけ
る。竹ぐしを刺し、透明な肉汁が出てきたら焼
き上がり（赤い肉汁が出てきたら、さらに5分ほ
ど焼く）。粗熱がとれるまでおく。

before

4 仕上げ

鍋にポリ袋の漬けだれを入れ、中火にかける。
煮立ったらアクをとり、とろみがつくまで煮詰める。
3の豚肉を食べやすく切って器に盛り、たれを
かけ、香菜を添える。

Point

しょうゆなどより先に、味が入りに
くい砂糖をすり込んでおく。袋の
上からすり込むとよい。

砂糖が溶けてきたら、残りの漬け
だれの材料を加え、冷蔵庫で1日
おいて味をつける。

形よく仕上げたい場合は焼く前に
たこ糸を巻くとよい。端からたこ糸
をぐるぐる巻き、折り返して巻き初
めに戻り、たこ糸の先2本を結ぶ。
市販のネットがついてるものでも。

 200℃ **40〜50分**

ローストポーク風

豚肉に塩をすり込んで塩豚にしたら、後は焼くだけ！
シンプルな調理で、肉のおいしさをストレートに味わいます。

材料（作りやすい分量）

豚肩ロース肉（ブロック）
　　… 1本（400〜450g）

じゃがいも … 小3個（400g）

にんにく（皮つき）… 3かけ

塩 … 小さじ1

こしょう … 少量

サラダ油 … 大さじ1

マスタード … 適量

下準備

オーブンは200℃に予熱する。

memo
一緒に焼く野菜は、他にさつまいも、にんじん、かぼちゃなどでも。

作り方

1 漬ける

豚肉に塩をすり込み、バットに入れてラップをかけて冷蔵庫で1日以上おく。
※冷蔵庫で4日ほど保存可。肉を焼く日に、じゃがいもは皮つきのままきれいに洗い、にんにくは皮をつけておく。

2 並べる

オーブンの天板にオーブンシートを敷き、1の豚肉の水分をペーパータオルでふいてのせ、こしょうをふる。じゃがいも、にんにくものせ、全体にサラダ油をからめる。

3 焼く

200℃のオーブンで40〜50分焼く。竹ぐしを刺し、透明な肉汁が出てきたら焼き上がり（赤い肉汁が出てきたら、さらに5分ほど焼く）。粗熱がとれるまでおき、好みの厚さに切る。器に盛り、じゃがいも、にんにく、マスタードを添える。

（ **before** ）

Point

豚肉に塩をすり込んで1日以上冷蔵庫におくと、余分な水分が抜けてうまみが凝縮する。

肉と野菜にサラダ油をからめ、表面が乾かないようにしてから焼く。焼き目をつけるためでもある。

 200℃ | **35〜40分**

ミートローフ

見た目に豪華なだけでなく、ハンバーグよりも作るのが簡単！
うずらの卵とパセリのみじん切りを入れ、
切り口も楽しく仕上げました。

材料（3〜4人分）

合いびき肉 … 400g

うずらの卵の水煮 … 10個

玉ねぎ … 1個（200g）

パセリ（みじん切り）… 大さじ5

サラダ油 … 小さじ1

パン粉 … カップ⅓

牛乳 … カップ¼

卵 … 1個

塩 … 小さじ1弱

こしょう、ナツメグ … 各少量

下準備

オーブンは200℃に予熱する。

memo

肉だねには、さっとゆでたブロッコリーやパプリカを入れてもきれいです。

作り方

1 下ごしらえ

玉ねぎはごく細かいみじん切りにする。フライパンにサラダ油を熱して玉ねぎを中火で5分ほど炒め、しんなりしたらバットなどに取り出し、冷ます。

2 肉だねを作る

ボウルにパン粉、牛乳、卵を入れてよく混ぜ、合いびき肉、塩、こしょう、ナツメグを入れ、粘りが出るまでよく練り混ぜる。**1**、パセリを加え、さらに混ぜる。

3 成形し、焼く

オーブンの天板にオーブンシートを敷き、**2**の半量を置き、うずらの卵をところどころにのせ、残りの**2**を重ね、20 × 10cmのなまこ形にする。200℃のオーブンで35〜40分焼く。中央部に竹ぐしを刺し、透明な肉汁が出てきたら焼き上がり（赤い肉汁が出てきたら、さらに5分ほど焼く）。15分ほどおいてから切り分ける。

before

Point

ボウルに肉の跡がつくようになったら、ひき肉に粘りが出た証拠。ここまで練り混ぜる。

どこを切っても出てくるように、うずらの卵はまんべんなく入れる。高さも変えるとよい。

200℃ **20分**

シェパーズパイ

羊の肉を使ったのがはじまりのイギリス生まれの料理です。
絶対おいしいトマト味のひき肉に、マッシュポテトの組み合わせ!!

材料（2～3人分）

マッシュポテト

じゃがいも（できればメークイン）
　　… 3個（350g）

牛乳 … カップ ½

生クリーム … カップ ¼

バター … 20g

塩 … 小さじ ¼

こしょう … 各少量

ひき肉だね

合いびき肉 … 300g

玉ねぎ … 1個（200g）

マッシュルーム … 1パック（100g）

サラダ油 … 小さじ 1

トマトペースト … 1袋（大さじ1）

塩 … 小さじ 1弱

こしょう … 少量

小麦粉 … 大さじ ½

A｜パン粉 … 大さじ 2

　　粉チーズ、サラダ油
　　　… 各大さじ 1

下準備

オーブンは200℃に予熱する。

作り方

1 マッシュポテトを作る

じゃがいもはいちょう切りにし、水から
やわらかくゆで、湯をきる。ボウルに
移し、マッシャーでなめらかにつぶし、
牛乳、生クリーム、バター、塩、こしょ
うを加え、とろりとするまで混ぜる。

2 ひき肉だねを作る

玉ねぎはみじん切り、マッシュルーム
は石づきを落として5mm幅に切る。フ
ライパンにサラダ油を熱して玉ねぎ、
マッシュルームを中火で炒め、しんな
りしたらひき肉を加えて炒め合わせ
る。肉に火が入ったらトマトペースト、
塩、こしょうを加えて混ぜ、小麦粉を
ふり、しっとりするまで炒める。

before

3 重ねて焼く

耐熱皿に**2**を平らに入れ、**1**を平ら
に重ねる。混ぜ合わせた**A**をのせ、
200℃のオーブンで20分焼く。

memo

上にかけたパン粉と粉チー
ズ、サラダ油のカリカリ感が、
クリーミーなマッシュポテト
のいいアクセントになります。

Point

マッシュルーム、玉ねぎ、ひき肉を
炒めたら小麦粉をふって全体になじ
ませ、とろみをつける。

炒めたひき肉の上全体を覆うよう
に、マッシュポテトをのせ、平らに
ならす。

200℃ | 20分

ラザニア

ミートソースのコクとうまみ、ホワイトソースのクリーミーさ。
ラザニアが2つのおいしさを引き立てます。

材料（2～3人分）

ラザニア … 4枚（80g）

サラダ油 … 大さじ1

ミートソース

　合いびき肉 … 200g

　玉ねぎ（みじん切り）… 1個（200g）

　にんにく（みじん切り）… 小1かけ

　赤ワイン … カップ⅓

　カットトマト缶 … ½缶（200g）

　ローリエ … 1枚

　タイム（あれば）… 1枝

　オリーブ油 … 大さじ1½

　塩 … 小さじ½

　こしょう … 少量

ホワイトソース

　バター … 30g

　小麦粉 … 30g

　牛乳 … カップ2

　塩 … 小さじ¼

　こしょう、ナツメグ（好みで）

　　… 各少量

とろけるチーズ … 30g

下準備

オーブンは200℃に予熱する。

memo

ミートソース、ホワイトソースが冷
たい場合は、電子レンジで温める
と広げやすくなります。

作り方

1 下ごしらえ

鍋に1ℓの湯を沸かし、塩小さじ2
（分量外）、サラダ油を入れ、ラザニ
アを入れ、袋の表示時間通りにゆ
でてざるにあげ、重ならないように広
げる。ミートソース（p.62参照）、ホ
ワイトソース（p.59参照）を作る。

2 重ねる

耐熱皿に薄くミートソースを敷き、ラ
ザニア2枚を広げて並べ、残りの半
量のミートソース、半量のホワイトソー
スを重ねる。残りのラザニア2枚、
ミートソース、ホワイトソースの順に重
ね、チーズを散らす。

3 焼く

200℃のオーブンで20分、こんがり
焼き色がつくまで焼く。

before

Point

ラザニアをゆでるとき、湯にサラダ
油を入れると、ラザニアがくっつき
にくくなる。

薄くミートソースを敷いたら、ラザ
ニア、ミートソース、ホワイトソー
スを順にのせ、これをもう1回繰
り返す。

230℃ **15**分

いわしのロール焼き

ふっくらいわしと、カリカリパン粉、にんにくの風味。
3つが食欲を誘います。開いたいわしを買ってくれば意外と簡単！

材 料（2〜3人分）

いわし（開いたもの）… 6尾（正味400g）

塩 … 小さじ⅓

こしょう … 少量

A｜パン粉 … カップ¾
｜パセリ（みじん切り）… 大さじ2
｜にんにく（みじん切り）… 小1かけ
｜オリーブ油 … 大さじ4

下 準 備

オーブンは230℃に予熱する。

memo
パン粉の中に細かく刻んだベーコン
を混ぜると、さらにリッチな味わいに。

作 り 方

1 下ごしらえ

いわしは塩を全体にふって5分ほどお
く。さっと洗ってペーパータオルで水
けをふき、こしょうをふる。Aは混ぜる。

2 巻く

いわしの身側を上に、尾を向こうにし
て縦長に置き、Aを⅙量ずつのせる。
手前からくるくると巻き、巻き終わりを
ようじで留める。

3 並べ、焼く

耐熱皿に**2**の尾が上にくるように並
べ、こぼれたAをかけ、230℃のオー
ブンで15分焼く。

before

Point

パン粉に風味をつけるにんにく、
香りをつけるパセリ、全体をまとめ
るオリーブ油を入れ、混ぜる。

いわしの頭がついていたほうから
巻いて尾が上になるようにし、よう
じでしっかり留める。

[200℃] [30分]

トマトファルシ

頬張ると、肉のうまみとトマトのジュースが
口いっぱいに広がります。ドライハーブの風味もさわやか！

材料（3〜4人分）

トマト … 小ぶり6個（800g）
肉だね
　合いびき肉 … 300g
　パン粉 … 大さじ3
　卵 … ½個
　冷やご飯 … 80g
　塩 … 小さじ⅔
　こしょう … 適量
　ドライハーブ（オレガノやバジル）
　　… 小さじ½
塩、こしょう … 各少量
オリーブ油 … 大さじ1

下準備

オーブンは200℃に予熱する。

memo
トマト以外に、ズッキーニやパプリ
カに同じ肉だねをのせて焼いても
おいしいです。

作り方

1 下ごしらえ

トマトは穴をあけないように手でヘタを
ちぎり取り、お尻のほうをふた用に切り
取り、トマトの中身をスプーンでくりぬく。
器にするトマトは、ペーパータオルの上
にしばらく伏せておく。

2 肉だねを詰める

くりぬいたトマトの中身は、種を取り除
き、軽く刻む。ボウルに入れ、肉だね
のパン粉、卵と混ぜる。パン粉がふ
やけたら肉だねの残りを加え、混ぜ合
わせ（練りすぎず、全体が混ざればよ
い）、6等分に分けて丸める。1のトマ
トの内側に塩、こしょうをふり、肉だね
を詰める。

3 並べ、焼く

耐熱皿に2のトマトを並べ、ふた用の
トマトをのせ、オリーブ油を全体にか
け、200℃のオーブンで30分焼く。

before

Point

器になるトマトは、ペーパータオル
の上にしばらく伏せておき、中の
水分をとる。

肉だねに冷やご飯を加えると、肉
から出てきた肉汁を吸ってうまみ
を逃さない。

上田淳子　Junko Ueda

料理研究家。神戸市生まれ。辻学園調理技術専門学校卒業後、同校の西洋料理研究職員を経て渡欧。スイスのホテルやベッカライ（パン屋）、フランスではミシュランの星つきレストラン、シャルキュトリー（ハム・ソーセージ専門店）などで約3年間料理修業を積む。帰国後、シェフパティシエを経て、料理研究家として独立。自宅で料理教室を主宰するほか、雑誌やテレビ、広告などで活躍。確かな技術と分かりやすい教え方に定評がある。著書に『フランス人が愛するチーズ、バター、クリーム。』（誠文堂新光社）、『フランスの台所から学ぶ　大人のミニマルレシピ』（世界文化社）、『4つのソースでごちそうレシピ』（Gakken）などがある。
Instagram: ju.cook

ほったらかしでおいしい！
オーブンで焼くだけレシピ

2023年10月24日　第1刷発行
2024年 9 月24日　第5刷発行

著　者　　上田淳子
発行人　　土屋 徹
編集人　　滝口勝弘
発行所　　株式会社Gakken
　　　　　〒141-8416　東京都品川区西五反田2-11-8
印刷所　　大日本印刷株式会社

※この本に関する各種お問い合わせ先
■本の内容については下記サイトのお問い合わせフォームよりお願いします。
　https://www.corp-gakken.co.jp/contact/
■在庫については　TEL03-6431-1250（販売部）
■不良品（落丁、乱丁）については　TEL0570-000577
　学研業務センター
　〒354-0045 埼玉県入間郡三芳町上富279-1
■上記以外のお問い合わせ　TEL0570-056-710（学研グループ総合案内）

STAFF

デザイン　高橋朱里（マルサンカク）
撮影　鈴木泰介
スタイリング　佐々木カナコ
料理アシスタント　高橋ひさこ　田中美奈子
校閲　聚珍社
編集・構成　飯村いずみ
企画・編集　小林弘美（Gakken）